Tu voudrais être aimé ?

Donc que ton Coeur ne s'écarte de son sentier présent !

Etant en tout point ce que tu es maintenant,

Ne sois rien de ce que tu n'es pas.

Edgar Allan Poe

For your Artist and Love

I

Your Artist and Love

Sa force et sa fougue étaient aussi intenses,

que pouvaient être si touchantes

sa douceur et sa délicatesse.

Son enthousiasme la transportait,

sa timidité l'attendrissait.

Je vous propose de découvrir leur histoire d'Amour, de vous y plonger d'une façon toute particulière.

ARTIST AND LOVE

Toi, l'Amour de ma vie !
Tu fais naître tant de rêveries.
Tu as cette faculté d'éveiller,
par le simple fait de les évoquer ;
les plus belles émotions,
les plus douces sensations.

Toi, l'Artiste de ma vie !
Tu fais de celle-ci,
un somptueux tableau de mille couleurs,
peint avec les élans de ton cœur.
Grâce à notre volupté, nos plaisirs,
tu sculptes notre avenir.

J'aime ta créativité,
qui fait de toi cet homme passionné.
J'adore ta maladresse,
qui fait de toi cet homme plein de tendresse.
Tu me dis que je suis ta muse,
cela me fait rire et m'amuse.

MAGIC ANIMAL

De tes mains naissent des objets,
qui font rêver.
De tes mains naissent en moi,
de divins émois.

Tu es un artiste,
telle une améthyste.
Cet aspect de toi,
brille de mille éclats.

Tu crées de tes mains,
d'étranges animaux,
aux merveilleux plumages,
grâce à des bouts de métaux,
qui ont traversé les âges,
tel est leur destin.

Tes mains créent,
elles sont animées.
Tes mains caressent,
elles ne sont que tendresse.

SAILOR

Toi pour qui la Mer est ton énergie,
cette immensité est ton univers,
son rivage le paradis.

Moi pour qui la Terre est pure énergie,
tout reste à faire,
le sourire est mon effigie.

Toi qui naviguais sur l'Océan de la mélancolie,
moi qui n'osais m'aventurer,
dans ce vaste inconnu.

                                Tu as fait plus belle ma vie.
                            Au moment où je perdais pieds,
                                          seule et perdue.

                     le jour où tu m'as aperçu sur ce rivage.
                       Ton Univers est devenu mon Paradis.
                     Mon sourire est devenu ta source de vie.

Elle commence à éprouver bien plus qu'une simple attirance pour sa créativité et sa douceur.

Immergent le désir et la passion.

Prêt ?

DESIRES…

Chacun d'entre nous a des désirs, qu'ils soient secrets, inavouables ou un peu fous, ils nous comblent de plaisir, où n'aboutissement à rien du tout.

Mon désir le plus secret ? Eh ! Chut ! Restera secret.

Mon désir le plus fou ? Etre un bisou dans le cou.

Mon désir le plus inavouable ? Etre nue sur le sable.

Mon désir le plus sensuel ? Que l'on me croque au sel !

Mon désir le plus érotique ? Hum ! Pourquoi ne pas, sauter à l'élastique !

Mon désir le plus pervers ? Que l'on me déguste au poivre vert !

Mon désir le plus sage ? Etre entre ses mains pour un délicieux massage !

Mon désir le plus dangereux ? Allumer et toujours attiser son feu !

II

Voilà près de 4 mois que leur histoire avait débuté, c'était magique. Elle avait l'impression d'être cette adolescente, que nous avons tous étés « un jour » ! Pour qui rien n'avait plus d'importance sauf l'être aimé.

Ce sentiment d'invulnérabilité, et d'insouciance qui fait tellement de bien au cœur et à l'âme. Vous voyez ce que je veux dire, mais si vous l'avez reconnu.

Quoiqu'il en soit, elle aurait voulu crier à la face du monde combien il était bon ce sentiment.

C'est donc ainsi que les mots, les phrases apparaissaient comme par magie sur sa feuille.
 C'était comme une évidence, elle était heureuse, amoureuse.
Son âme, son cœur ne faisaient plus qu'un, une symbiose parfaite.

Laissez-moi vous guider au fil des saisons, dans leur petite bulle de passion.

MY DARLING

En ce bel après-midi
de Janvier terminant,
je pense à toi.
Je suis emprise à tant
de merveilleuses rêveries,
je suis folle de Toi !
Je ferme les yeux,
nous voilà enlacés sur la plage.
Tels ces amoureux,
qui naguère là-bas, avaient fait naufrage.
Les rayons du soleil
caressent mon visage,
pareil à la douceur
de tes baisers au réveil,
nos corps sur le rivage :
tout n'est que pur bonheur !

Le temps semble s'être figé,
tout me paraît si léger.
Les soucis, les aléas de la vie,
la routine et l'ennui, ont fait place à l'évasion,
tout n'est que passion !
Me voilà à bord d'un vaisseau pirate,
maudite frégate !
Je suis la belle en détresse,
que toi mon Amour,
viens sauver ; ta princesse !
Tout n'est que glamour.
Je pense à toi,
l'amour de ma vie,
en ce bel après-midi.
Février est à notre porte.
Je t'envoie mille baisers,
que le vent léger porte,
jusqu'à toi mon aimé !

STARS

Je regarde le ciel étoilé,
en ce début Février.
C'est magique !
Une ondée féerique.
Toutes ces étoiles qui scintillent,
tels tes yeux qui me déshabillent !
Eveillent en moi de douces rêveries,
je t'aime MY Lucky .
Je nous imagine, enlacés, tendrement,
contemplant le firmament.
Nous ne disons mot,
tel le spectacle est beau.
Seul le plaisir d'être ensemble,
ce même désir qui nous rassemble.

« Regarde ! Mon Amour,
cette étoile, elle brillera toujours,
pour toi, je te la dédie,
qu'elle soit la lumière de ta vie,
lorsque que je ne serai pas près de toi,
elle te rassurera ! »

Oh ! Une étoile filante,
c'est une excellente
raison de t'avouer,
mon Amour passionné,
que mon vœu le plus cher,
sera toujours de te plaire.

SPRING and LOVE

Il est au seuil de nos portes,
enfin les beaux jours !
Le doux parfum qui nous transporte,
telles nos caresses mon Amour.
Le chant mélodieux
d'un rossignol amoureux,
telles nos envies mon Amour.
La couleur magnifique
d'un parterre de tulipes,
tels nos baisers mon Amour.
Une ondée légère
d'une giboulée printanière,
tels nos fous rire mon Amour.
La douceur de l'herbe fraîche,
de ma peau de pêche, hum !
Tu adores mon Amour.
La nature s'éveille,
tout n'est que merveille,
tels nos câlins mon Amour.
Le Printemps est là,
enfin les beaux jours !
Telle la douceur de tes bras
mon tendre Amour.

RAIN, LOVE and REVERIE

En ce dimanche de Mars,
malgré l'herbe chatoyante,
il pleut. Quelle farce !
Je m'imagine être à tes côtés,
quelle pensée plaisante.
Mon esprit vagabonde,
nous sommes surpris par l'ondée,
seul, au loin, gronde
le vent.
Tu t'arrêtes un instant,
tu me regarde et dis :
« je t'aime à la folie ! »
Nous allons nous abriter,
dans cette vieille grange.
Nous sommes trempés,
cela ne nous dérange.
Nous nous enlaçons,
nous nous embrassons.
Cette bâtisse, te donne des idées !
Te voilà très passionné,
tu me plaques contre l'énorme porte,
plus rien ne nous importe.
Tu me donnes un tendre et fougueux baiser.
Hum ! J'ai adoré.
Nos mains se font câlines,
nos caresses coquines…

Eh ! Mon esprit c'est vraiment égaré.
La pluie ne cesse de tomber.
Je ne cesse de t'aimer.

THE SUN

Ton amour est aussi doux,

que la caresse du soleil d'Automne sur mes joues.

Ton amour est aussi passionné,

que l'ardent feu du soleil d'Eté.

Ton amour est aussi enivrant

que le pourpre du soleil couchant.

THE WIND

Ce soir, le vent est très violent,
cela me stresse.
Tel, le tourment qui m'oppresse,
en ce moment.

Dehors, c'est une véritable tornade,
en moi c'est un ouragan !
Tout arrive en cascade,
c'est effrayant.

Face à la tempête,
Indestructible est notre Amour.
Rien ne nous arrête.
Le cyclone de la vie ne nous épargne pas.
Il a failli nous séparer une nouvelle fois.

Mais toi mon tendre marin,
contre vents et marées,
tu me tiens la main,
afin de ne pas me laisser sombrer.

III

Toujours aussi love, continuons son ou [votre] voyage désormais.

MY DEAR LOVE

Tu me dis :
« Que tu es fou de moi.
Tu ne peux pas vivre sans moi.
Que je suis ton unique raison d'exister.
Sans moi tu ne pourrais avancer.
Je suis le plus beau cadeau.
Que la vie ne t'ai jamais apporté.
Que ce qu'il y a de plus beau,
c'est cet amour partagé.
Tu m'aimes et tu m'adores.
Tu es raide dingue de moi !
Que ton existence avant cela,
était vide et incolore.
Tu adores mon regard.
Que mes yeux
ne font que t'émouvoir,
lorsque tu te perds au fond d'eux.
Je suis un diamant,
ton étoile au firmament,
ta perle rare,
telle la lumière d'un phare.
Tu adores mon sourire.
Tu aimes m'entendre rire.
Je suis ton rayon de soleil.
Un véritable arc-en-ciel. »

HOT BODY

Nos lèvres se sont effleurées.

Nos baisers nous ont comblés.

Nos étreintes nous ont rapprochés.

Nos caresses se sont intensifiées.

Nos corps se sont enlacés.

Telle est notre passion pareille à une explosion !

KISSES !
Tes baisers sont si câlins, lorsqu'ils touchent mes mains.
Tes baisers se font « bisous » lorsqu'ils se glissent dans mon cou.
Tes baisers sont divins comme un rêve,
 lorsqu'ils se posent sur mes lèvres.
Tes baisers se font taquins, lorsqu'ils s'attardent sur mes seins.
Tes baisers sont si tendres que je ne peux m'en défendre.
Tes baisers sont si coquins,
 lorsqu'ils caressent le creux de mes reins.
Tes baisers sont de l'or, lorsqu'ils frôlent tout mon corps.
Tes baisers ne sont que douceur
parce qu'ils me touchent en plein cœur.

MY LIFE, MY HEART

My Love,

Ce matin, tu m'as ouvert ton cœur
sans détour.
Tu m'apportes un tel bonheur.
Je t'aime mon Amour.

Toutes ces divines choses
que tu m'as murmuré,
sont dignes de toutes les proses
qu'un poète pourrait déclamer.

Elles m'ont vraiment ému.
Je te savais amoureux, passionné.
Je suis convaincue,
désormais,
que tous deux sommes unis,
par nos corps et nos esprits.

FALL IN LOVE

Tu es si important dans ma vie.
Depuis que tu es entré,
dans celle-ci.

Je tiens à ce que tu saches.
Jour après jour, je m'attache
de plus en plus à toi.

La douceur, la compréhension,
l'émoi que tu suscites en moi,
sont je l'avoue, devenus de la passion.

En fait, je tombe amoureuse.
Cela me rend heureuse.
Chaque fois que je te revoie,
c'est plus fort que moi.

Tu es si craquant,
lorsque tu poses
ton regard sur moi.
Que tu n'oses
m'exprimer parfois,
tes envies, tes désirs, tes passions, tu es si touchant.

CLOSES YOUR EYES

Ferme tes yeux !
Rêve du merveilleux.
Envoles toi,
avec moi,
vers un monde fabuleux.
Il est vrai,
que si tu fermes les yeux,
tout paraît
plus voluptueux.
Il suffit d'avoir un peu d'imaginaire,
pour vivre de belles aventures.
Certes, elles sont éphémères,
mais bien plus vraies que nature.
Ferme tes yeux !
Oublie le ciel orageux.
Viens avec moi,
pour une folle épopée.
Il ne tient qu'à toi,
de m'y retrouver.
Mon esprit s'évade souvent.
Il vagabonde intensément.
Les yeux fermés,
mes rêveries sont insensées.
Parfois fantastiques,
irréelles, romanesques ou érotiques…
Elles étaient cependant,
le plus ardemment
le reflet de ce que je souhaitais.
Je les vis désormais
toujours aussi passionnée.

Pour clore ce chapitre, partageons leur petit coin de de paradis.

HAPPY PARADASE

Les pieds dans l'eau sur la plage au soleil couchant.

Allongés dans l'herbe printanière aux abords d'une clairière.

Près d'un feu de cheminée nos corps enlacés.

Les bras de mon Amour afin de m'y lover.

Et vous ?

IV

COMPUTER LOVE

Notre rencontre peut paraître banale,
mais notre histoire est magique.
Je suis entrée dans ta vie,
un soir de septembre automnal.
Telle une petite musique,
toi pour qui, les jours n'étaient faits que de pluie.
Je suis ton rayon de soleil,
qui fait de tes jours,
de tendres et merveilleux réveils.
Je suis ton rayon de lune,
qui fait de tes nuits,
de doux rêves prés de ta brune.

                                              Notre Amour est né,
                                                d'une base de données.
                            Quelques lettres tapées sur un clavier,
                                          nous voilà désormais,
                                         amoureux et passionnés.
                         Je suis le rêve devenu réalité
                Le goût de tes lèvres est celui de tes baisers.

                                Notre Amour est magnifique.
                                D'une façon un peu magique ;
                                    Je suis entrée dans ta vie,
                               un soir de septembre automnal.
                   Toi pour qui, la vie n'était que mélancolie,
                               nôtre rencontre fût spéciale.

DO YOU REMEMBER

Te rappelles-tu mon Amour, nos premières fois ?

Lorsque nous avons chaté, jusqu'à 4 h du mat, c'était insensé !

Lorsque nous nous sommes téléphonés, ta voix … quelle sensualité !

Lorsque nous nous sommes rencontrés, je t'ai sauté au cou, tu as adoré !

Lorsque nous nous sommes enlacés, tes bras ont tendrement ma taille serrée !

Lorsque nous nous sommes embrassés, nos langues se sont mêlées en un tendre baiser !

Lorsque nous nous sommes caressés, tes mains au creux de mes reins se sont glissées !

Lorsque nous nous sommes aimés, nos corps unis, à jamais !

Ce sont de merveilleux moments,
qui deviennent au fil du temps,
de magnifiques souvenirs,
éveillant de délicieux désirs.

PASSION AND LOVE

Nous venons de passer,
de longues heures au téléphone.
Nous avons tant à partager.
Même si personne,
ne peut comprendre
que l'on puisse s'aimer.
Nul ne peut prétendre,
connaître la raison
de cet amour passionné.
Seuls, toi et moi possédons
de ce divin bonheur,
les clés.
Tout est en nos cœurs.

Malgré la distance,
nous savons profiter
de ces moments intenses,
que nous font vivre
nos corps enflammés.
Comment ai-je pu vivre,
jusqu'alors, My Love adoré,
sans cet amour passionné ?

THE DREAM LOVE

Enfant !
Moi, pour qui rêver, rimait avec féérie.
Je m'étais inventé un monde joli.

Adolescente !
Moi, pour qui rêver, rimait avec bonheur.
Je m'étais appliqué, à écouter mon cœur.

Jeune Femme !
Moi, pour qui rêver, rimait avec Amour.
Je m'étais donné sans détours.

Femme, Mère !
Moi, pour qui rêver, rimait avec éclats de rire.
Je m'étais émerveillé devant tant de plaisir.

Aujourd'hui !
Moi, pour qui rêver, rime avec désir et volupté.
Femme à part entière, désormais, je ne souhaite qu'être aimée.

Toi !
Pour qui rêver ne rimait qu'avec créativité.
Je me suis invitée, et je suis devenue ta réalité.

V

Le doute s'installe…

ALWAYS MY LOVE

Ne perds pas courage,
si toi aussi tu fais naufrage.
Que va-t-il advenir de notre Amour ?
De tous ces si beaux jours
que créent nos rêves ?
Même si tu en crèves.

Nous serons bientôt réunis
et ce pour la vie.
Je cours vers toi,
rejoins-moi !

Je suis telle cette fleur sauvage,
parfois coquine ou sage.
N'oublie jamais,
que je te suis très attachée.

Je serai toujours là pour toi,
comme tu le seras pour moi.

SPLEEN !

Je n'arrive pas à te joindre,
cela me déprime.
Tel l'artiste qui n'arrive pas à peindre.
 Le poète pour qui les mots n'ont plus de rimes.

Nous passons un temps fou ensemble,
cela fait partie de nous, désormais !
Nous ne pourrions plu, il me semble !
Imaginer, même une journée,
ne pas partager,
tous ces moments privilégiés,
que nous savons nous accorder.

                    Il est difficile, parfois, mon Amour,
                de conjuguer éloignement et toujours.
           Je sais que ton engagement est sincère,
                      mais si un jour je te perds…

DESIRE OF LOVE

Tu me manques terriblement.

Où es-tu mon Amour ?

J'ai envie de toi intensément,

et ce encore et toujours.

Je n'ai jamais ressenti si violement,

un tel désir d'Amour.

THAT'S A QUESTION ?

Que deviendrai-je si tu me fuis ? Tel le piège se refermant sur l'ennemi.
Que pourrai-je faire pour t'apprivoiser ? Telle une colombe que l'on laisse s'envoler.
Que ferai-je contre le manque de toi ? Telle la blessure qui ne guérit pas.
Que ne donnerai-je pour être dans tes bras ? Telle la plage qui garde l'empreinte de nos pas.
Que serai-je sans ton Amour ? Tel un visage sans atours.
Que puis-je espérer de mieux ? Tel toi mon ange merveilleux.
Que ferais-tu my Loveur ? Sans l'élue de ton cœur.

VI

Un seul être vous manque…

THE END

Nous avons décidé de nous éloigner.
Aimer ! C'est aussi laisser partir l'être aimé.

Ainsi comprendras-tu,
que toi seul étais l'élu.

Tu annihilais mes peurs.
Tu faisais battre mon cœur.

Toute particulière,
tu auras une place mon doux rêveur.
Au plus profond de mon cœur,
tant tu m'es, m'étais et me sera cher.

Je n'ai pas de rancœur,
ni d'amertume.
Tu resteras mon Loveur,
malgré mes yeux remplis de brume.

MY BROKEN HEART

Mon cœur est aussi froid,
que le rude climat
qui sévit ces jours-ci.
Je constate avec effroi,
que tu n'es plus là !
Rien n'a de sens aujourd'hui.

Telle la douleur d'une perte,
mon corps est inerte.
Tel le désert aride,
mon cœur est vide.
Tel le chagrin et les larmes,
mon esprit sans âme.

        Mon cœur est aussi glacé,
        que les vallées enneigées
      sur lesquelles souffle le vent,
pareil à la douleur de mes tourments.

NEVER, EVER, FOREVER !

« Que sera ma vie sans toi ? »
Aucune fantaisie,
ni joie !
Que du gris, rien,
aucun émoi !
Mes yeux toujours couleur de pluie !
Ne plus être dans tes bras,
plus de fous rire,
de tendres moments,
de bisous caresses-tendresse,
que des pleurs, de la détresse.
Aucun arc-en-ciel,
plus aucune couleur, même pastel.
Je ne pourrai écrire,
exprimer mes sentiments !
Toi qui étais celui,
qui m'avait donné l'envie
de coucher sur le papier,
mes désirs les plus secrets.
Comment faire pour arriver,
à ce que mon cœur
connaisse à nouveau le bonheur ?
Sans toi, je crains, hélas !
qu'il n'y ai plus de place
pour un nouveau Loveur,
puisque toi seul, mon Amour,
y seras pour toujours.

« Voilà, ce que sera ma vie sans toi ! »

BLUES

Je suis en manque d'inspiration.
Tout me lasse et m'ennuie !

Je suis en totale perdition.
Le cours de ma vie
n'est plus un long fleuve tranquille.

Qu'est devenu le fabuleux ?
Tout part en vrille.
Où est le merveilleux ?

La féérie, la rêverie
n'ont plu cours dans ma vie.

Le blues a repris sa place.
Devant ce miroir de glace,
l'image qui se reflète,
Hey ! aurais-je perdu la tête ?

ONLY ONE YOU MISS

Comment faire pour combler ce vide ?
Du miroir ne se reflète que ce regard livide.
Jour après jour, toujours ce vague à l'âme,
des yeux remplis de larmes.

Comment faire pour ne plus penser ?
A ces beaux jours passés.
A ces nuits enflammées.
A cet Amour passionné.

Comment faire pour retrouver le sourire ?
Toutes ces choses qui font souffrir,
disparaîtront-elles peu à peu, tel un soupir.
Pour ne devenir que de doux souvenirs ?

Un seul être vous manque…

MY INSPIRATION !

Inspiration où es-tu ?
T'ai-je, toi aussi perdu ?

Tel mon Amour,
te reverrai-je un jour ?

Pourquoi je n'arrive plus à écrire ?
Je suis incapable de produire,
tous ces divins écrits.

Je t'en supplie !
Reviens-moi vite
en cursive ou en scripte.

J'ai tant besoin de toi,
ne m'abandonnes pas !

EPILOGUE

Des jours, des semaines, des mois après, aujourd'hui encore, elle a toujours gardé au plus profond de son cœur une place toute particulière pour cet Amour.

Elle ne l'a jamais revu. Souvent elle pense à lui.

Pour ses bleus au coeur, relire ses écrits était une excellente thérapie.

Restés pendant plus de dix ans au fond d'une boite tel un trésor secret,
Pourquoi, ne pas les partager ?
C'est l'une des raisons qui m'ont poussé à créer ce livre-recueil.

Que vous soyez : romantiques, rêveurs, heureux, râleurs, tristes, malheureux, ces mots pourraient vous inspirer, vous rassurer, vous donner de l'espoir, vous faire rêver, vous émouvoir, vous faire sourire et pourquoi pas
« tomber Amoureux ».

Depuis, elle n'a jamais plus écrit, elle c'est totalement perdue, égarée même.
Sa vie a suivi son cours sans fantaisie, monotone.
Seul le romanesque, la rêverie que lui avait procurée cette relation, sont restés enfouis au plus profond de son âme.

DR JEKYLL and MR HYDE

Etre obligée d'être une autre personne,
alors qu'au fond l'on est une autre.
« Cruel dilemme, combat permanent ! »
Telle devait être la vie morne du
Dr Jekyll, lorsqu'il devenait : l'autre,
ce Mr Hyde si terrifiant.

N'avez-vous jamais ressenti,
au moins une fois dans votre vie ?
Cette sensation de ne pas être
réellement vous-même, tout au fond,
au plus profond de votre être,
parce qu'il n'y avait pas d'autre solution !

Une force intérieure
qui vous oblige,
malgré la douleur
que cela vous inflige,
à faire ce dont vous n'avez aucune envie.
Vous le faites en dépit,
que cela soit bien ou mal.
Elle devient un cercle infernal.

L'OISEAU de FEU
ou les pensées romanesques

Lola RIL
@RIL

© 2019 RIL, Lola Édition : BoD – Books on Demand, 12/14 rond-point des Champs-Élysées, 75008 Paris Impression : BoD - Books on Demand, Norderstedt, Allemagne ISBN : 9782322189632 Dépôt légal : novembre 2019

Aime et tu renaîtras…

Il faut aimer sans cesse.
   Après avoir aimé.

Alfred de Musset et G.R.D

© 2019, Lola Ril

Edition : Books on Demand,
12/14 rond-Point des Champs-Elysées, 75008 Paris
Impression : BoD - Books on Demand, Norderstedt, Allemagne
ISBN : 9782322189632
Dépôt légal : novembre 2019